CHARLOTTE KELSCHENBACH

NÄHEN MIT
JERSEY & CO.

LÄSSIGE OUTFITS FÜR JEDE GELEGENHEIT

DIE GU-QUALITÄTS-GARANTIE

SEITE 16

SEITE 20

SEITE 22

Wir möchten Ihnen mit den Informationen und Anregungen in diesem Buch das Leben erleichtern und Sie inspirieren, Neues auszuprobieren. Bei jedem unserer Produkte achten wir auf Aktualität und stellen höchste Ansprüche an Inhalt, Optik und Ausstattung. Alle Informationen werden von unseren Autoren und unserer Fachredaktion sorgfältig ausgewählt und mehrfach geprüft. Deshalb bieten wir Ihnen eine 100 %ige Qualitätsgarantie.

Darauf können Sie sich verlassen:
Wir legen Wert darauf, dass unsere Kreativ-Ratgeber fachlich fundiert und inspirierend zugleich sind. Wir garantieren, dass:
- alle Anleitungen und Tipps in der Praxis geprüft und
- durch klar verständliche Texte und Illustrationen einfach umsetzbar sind.

Wir möchten für Sie immer besser werden:
Sollten wir mit diesem Buch Ihre Erwartungen nicht erfüllen, lassen Sie es uns bitte wissen! Wir tauschen Ihr Buch jederzeit gegen ein gleichwertiges zum gleichen oder ähnlichen Thema um. Nehmen Sie einfach Kontakt zu unserem Leserservice auf. Die Kontaktdaten unseres Leserservice finden Sie am Ende dieses Buches.

GRÄFE UND UNZER VERLAG
Der erste Ratgeberverlag – seit 1722.

01 THEORIE

Alle Modelle auf einen Blick!

02 PRAXIS

Tipps und Tricks ⟶ Seite 10

DIE BASICS ZUM JERSEY-NÄHEN

—

Stoff und Nähmaschine sind bereit. Auf den folgenden Seiten erfahren Sie, was alles noch nötig ist, damit Sie Ihr Lieblingsteil aus Jersey wellenfrei und ohne Stress nähen können.

NÜTZLICHES ZUBEHÖR

Viel braucht es nicht zum Nähen von Jersey und Co. Zumindest nicht mehr, als Sie sonst zum Nähen parat haben. Einige Extras wie die Zwillingsnadel sind dennoch hilfreich und verleihen Ihrem Projekt mit wenig Aufwand ein professionelleres Aussehen.

01 Zum Markieren wird standardmäßig **Kreide** verwendet, die entweder ausgebürstet, gewaschen oder ausgebügelt (Chemiekreide) werden kann. Für exaktere Markierungen wie einzelne Punkte empfehlen sich **Markierstifte**. Sie verblassen mit der Zeit oder verschwinden durch Waschen oder Bügeln.

03 Jersey-Stoffe näht man mit **Jersey-** oder **Stretchnadeln.** Sie haben eine abgerundete Spitze. Dadurch verdrängen sie beim Einstechen in den Stoff die Maschen, statt sie zu zerstören (▸ Seite 12). Beide Nadeltypen gibt es auch als **Zwillingsnadeln.** Zwei Nadeln sind über einen Balken verbunden. Die entstehende Naht ist dehnbar (▸ auch Seite 12).

02 Mit **Stecknadeln** fixieren Sie vor dem Nähvorgang insbesondere längere Strecken in ihrer Position. Alternativ können Sie auch spezielle **Clips** (nicht abgebildet) verwenden.

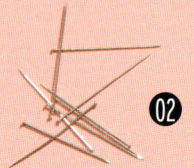

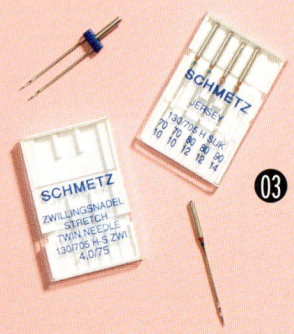

04 Ein **Maßband** ist zum Messen von langen oder gerundeten Strecken hilfreich. Mit einem **Lineal** oder **Geodreieck** (nicht abgebildet) lassen sich Nahtzugaben und geringe Abstände kontrollieren.

05 Zum Nähen von Jersey eignet sich **Polyester-Garn**. Greifen Sie besser zu Qualitätsgarnen, da sie stabiler sind und beim Nähen nicht so schnell reißen.

06 Für besonders viel Elastizität wird häufig ein zusätzliches **Gummiband** eingenäht. Die Bänder sind in unterschiedlichen Breiten und auch mit unterschiedlicher Dehnbarkeit erhältlich. Greifen Sie hier im Idealfall zu einer Variante, die sich besonders leicht dehnen lässt.

07 Den Stoff schneiden Sie mit einer scharfen **Stoffschere** zu. Sie sollte nur dafür verwendet werden. Die **Stickschere** ist eine kleinere Stoffschere mit präziser Spitze etwa für filigrane Einschnitte oder zum Aufschneiden von Knopflöchern. Mit einem **Nahtauftrenner** (nicht abgebildet) trennen Sie fehlerhafte Nähte auf.

JERSEY-STOFFE

Im Gegensatz zu gewebten Stoffen erkennt man Jersey-Stoffe am Maschenbild. Sie fühlen sich nicht nur weicher und anschmiegsamer an als gewebte Stoffe, sondern sind auch dehnbarer als diese – besonders geeignet für Shirts, Hosen, Röcke und Kleider.

JERSEY-ARTEN

Hinsichtlich ihrer Herstellung unterscheidet man verschiedene Arten von Jersey-Stoffen: **Single-Jersey (4)** sieht auf der Vorder- und Rückseite unterschiedlich aus: vorn wie glatt rechts, hinten wie links gestrickt. Er ist in Längsrichtung sehr elastisch, in Querrichtung oft weniger. Typisch ist das Einrollen der Stoffkanten.

Beim **Double-Jersey (5)** haben die Vorder- und Rückseite das gleiche Aussehen, entweder rechts oder links. Dieser Jersey ist formstabil und hat eine recht feste, blickdichte Qualität. Er ist weniger dehnbar als andere Jersey-Arten, dafür robuster.

Interlock-Jersey hat 2 rechte Seiten. Er ist doppellagig, während des Strickvorgangs werden beide Lagen durch eine spezielle Fadenführung links auf links miteinander verwoben. Er ist sehr dehnfähig, zudem blickdicht und strapazierfähig.

Material

Je nach Wahl des Materials entstehen die verschiedenen Jersey-Stoffe. Verwendet werden synthetische Fasern, Naturfasern sowie Mischungen daraus.

Satin-Jersey (2) besteht aus Kunstfasern, z. B. Polyester oder Polyamid. Je nach Machart kann er auch in Richtung »Badeanzugstoff/Lycra (3)« gehen.

Viskose-Jersey wird aus Zellulose (Gerüstsubstanz von Pflanzenzellen) hergestellt.

Seiden-Jersey ist ein feines Gestrick aus Seide.

Alle drei zeichnet ihr weicher, fließender Fall sowie ein leichter, edler Glanz aus.

Baumwoll-Jersey (4, 5) besteht nur oder überwiegend aus Baumwolle.

Sweatware (6) ist eine Sonderform des Baumwoll-Jerseys. Bei ihr zeigt die Vorderseite rechte Maschen, die Schlingen auf der linken Seite sind entweder glatt oder werden für eine weichere, wärmere Oberfläche aufgeraut.

Bündchenware (1) besteht aus Baumwolle oder Mischfasern. Sie wird häufig für Abschlüsse bei Sweatshirts verwendet. Sie weist eine deutliche Rippenstruktur auf und ist aufgrund ihres hohen Elasthananteils besonders elastisch.

Werden den Jersey-Stoffen Elasthanfasern zugesetzt, heißen sie **Stretch-Jersey** (▸ Tipp, Seite 19).

Jersey für Anfänger

Etwas dickere Stoffe wie Double-Jersey oder Sweatware sind gut für Anfänger geeignet, da sie beim Nähen glatt liegen und nicht so leicht verrutschen.

01

02

03

02

04

05

04

06

TIPPS UND TRICKS

Das Nähen mit Jersey & Co. ist nicht nur einfach, es geht auch unglaublich schnell und macht großen Spaß. Dennoch löst es besonders bei Neulingen häufig Berührungsängste aus. Damit Ihre Projekte von Anfang an reibungslos gelingen, hier ein paar Tricks.

Alle Schnitte in diesem Buch sind mit einer Nahtzugabe von 0,6 cm angelegt, was einer klassischen Nahtzugabe einer Overlock-Nähmaschine entspricht. Ideal zum Nähen elastischer Stoffe sind spezielle Overlock- oder Coverlock-Nähmaschinen. Doch auch einfache Haushaltsnähmaschinen bieten oft eine Vielzahl an Stichen an, mit denen Sie ebenso tolle und professionelle Ergebnisse erzielen können.

WELLENBILDUNG – EIN AUF UND AB

Dies ist ein klassisches Problem am Anfang. Testen Sie stets vor Nähbeginn an einem Reststoffstück Ihres Materials, ob sich Wellen bilden. Sie haben mehrere Möglichkeiten, dies zu verhindern.
‣ Sie dürfen den Stoff beim Nähen niemals ziehen/dehnen, außer es ist aufgrund einer bestimmten Technik oder eines Arbeitsschrittes (etwa beim Einnähen eines Gummibandes) nötig.
‣ Nähen Sie mit einer größeren Stichlänge von zirka 3–4 (statt standardmäßig 2,5).
‣ Reduzieren Sie den Füßchendruck Ihrer Maschine – im Idealfall um etwa die Hälfte, also beispielsweise von 6.0 auf 3.0. In der Bedienungsanleitung Ihrer Nähmaschine steht, wie es geht. Wenn das nicht klappt oder an Ihrer Maschine nicht verfügbar ist, verwenden Sie einen zusätzlichen Obertransport bzw. ein spezielles Obertransport-Füßchen.
Sollten trotz allem geringfügige Wellen entstanden sein, können Sie diese meist noch durch Einhalten der Mehrweite beim Bügeln (‣ Glossar in der hinteren Klappe) reduzieren.

STICHE GEGEN REISSENDE NÄHTE

Nähte reißen nur dann, wenn sie, anders als das verwendete Material, nicht oder zu wenig dehnbar sind. Daher ist es wichtig, besonders bei Nähten, die stark gedehnt werden, z. B. am Halsausschnitt, einen elastischen Stich zu verwenden.

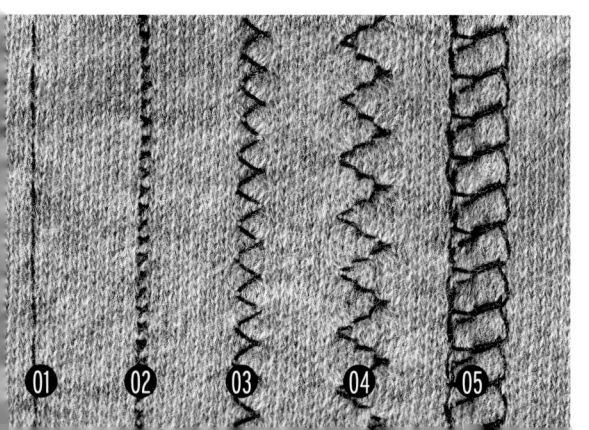

Links: Stichbilder elastischer Stiche, die an Haushaltsnähmaschinen verfügbar sind. Ausnahme: Geradstich (1).

01   02   03   04   05

Der **Elastikstich (2)** ähnelt optisch einem Geradstich, er wird allerdings aus, in Nahtrichtung ge-
sehen, Vor- und Rückstichen gebildet. Mit diesem
zackenartigen Verlauf ist der Stich besonders für
elastische Absteppungen, aber genauso auch für
Verbindungsnähte geeignet.

Der **Zickzackstich (3)** ist der Klassiker unter den
elastischen Nähten und bei nahezu jeder Nähmaschine verfügbar. Je breiter die Zacken sind,
desto mehr Spielraum hat der Faden und desto
besser kann er Materialdehnungen ausgleichen.
Durch eine kurze Stichlänge (ca. 3) bilden sich bei
Verbindungsnähten keine unschönen optischen
»Löcher«.

Noch dehnbarer und gleichzeitig auch stabiler
ist der dreifache **Zickzackstich (4)**. Daher ist er
besonders für stark beanspruchte Nähte wie an
Halsausschnitten oder Säumen geeignet.

Der geschlossene **Overlockstich (5)** imitiert die
Naht einer echten Overlock-Nähmaschine. Er ist
gut geeignet, da er nicht nur in einem Arbeits-
schritt verbindet und versäubert, sondern auch
eine dichte und gleichmäßige Naht sowie einen
sauberen und wertigen Kantenabschluss bildet.

Der **Geradstich** oder **Doppelsteppstich (1)** ist
ein unelastischer Stich, da hier mit minimalem
Fadenverbrauch genäht wird und somit kein Puffer
für Dehnung des Materials gewährleistet ist. Er
eignet sich daher höchstens zum Schließen von
Seiten- oder langen Ärmelnähten, also Längsnäh-
ten, die kaum gedehnt werden.

Oben: Naht an einem Saum mit der Zwillingsnadel – links Ober-, rechts Unterseite des Stoffes.
Unten: Elastische Verbindungsnaht mit einer Overlock-Maschine.

ALLER NAHTANFANG IST SCHWER

Besonders bei sehr feinen Stoffen passiert es
häufig, dass die Stoffkante beim Starten des Näh-
vorgangs in die Maschine gezogen wird. Um das
sogenannte »Stofffressen« zu vermeiden, gibt es
zwei Möglichkeiten:

▸ Sie beginnen die Naht 1 cm von der Kante entfernt und schließen das fehlende Stück erst zum
Schluss, indem Sie von der Naht aus zur Kante
nähen.

▸ Sie holen den Unterfaden nach oben und halten
beim Losnähen Unter- und Oberfaden fest.

DIE RICHTIGE NADEL

Wie Sie auf Seite 8 gelesen haben, wird Jersey aus mehr oder weniger dünnen Fäden gestrickt oder gewirkt. Würden Sie diese Stoffe mit herkömmlichen Nähmaschinennadeln nähen, dann würden Sie die feinen Fäden durchtrennen, es können Maschen laufen und Löcher entstehen. Aus diesem Grund gibt es spezielle **Jerseynadeln**. Sie haben eine kugelig abgerundete Spitze, mit der die Maschen beim Eindringen in das Gewebe nur zur Seite geschoben werden. Jerseynadeln tragen meist die Zusatzbezeichnung SUK, was sich auf die Form der Spitze bezieht.

Für noch stärker dehnbares Gewebe gibt es spezielle **Stretchnadeln**. Ihre Spitze entspricht mehr einer Halbkugel. Dadurch kommt es weniger zu Fehlstichen.

Beide Nadeltypen gibt es in unterschiedlichen Stärken, zum Nähen von Jersey-Stoffen eignen sich die Stärken 75–90 (▸ auch Tipp unten).

Nähen mit Zwillingsnadeln

Die Zwillingsnadel besteht aus zwei gleichen Nadeln, die durch einen kleinen Balken miteinander verbunden sind. An diesem Balken befindet sich der Kolben, womit die Nadel wie eine »normale« Nähmaschinennadel in die Maschine eingesetzt wird. Es gibt Zwillingsnadeln mit verschiedenen Abständen und Nadelstärken. Die ideale Stärke ist 75–90. Die Abstände zwischen den beiden Nadeln variieren zwischen 2 und 4 Millimeter. Je feiner der Stoff ist, den Sie verarbeiten wollen, desto kleiner sollte der Abstand zwischen den Nadeln sein. Den Abstand erkennen Sie an der Zahl vor der Nadelstärke. So bedeutet z. B. 4.0/75 einen Nadelabstand von 4 mm und eine Nadelstärke von 75.

Einfädeln der Zwillingsnadel: Nachdem Sie die Nadel eingesetzt haben, setzen Sie auf der Maschine in die Garnrollenständer zwei Garnspulen ein (aus diesem Grund steht bei den Projekten, bei denen Sie eine Zwillingsnadel benötigen, beim Material »zweimal farblich passendes Garn«). Notfalls klappen Sie die zweite Halterung hoch. Dann führen Sie beide Fäden ganz normal durch die Maschine. An der Nadel angekommen, fädeln Sie einen Faden in das linke, den anderen in das rechte Nadelöhr.

Säume erhalten ein professionelles Aussehen, wenn Sie dafür Jerseynadeln in Form einer Zwillingsnadel verwenden. Auch Halsausschnitte können Sie damit veredeln. Auf der Stoffoberseite ergibt sich beim Nähen mit Zwillingsnadeln eine parallele Geradstichnaht (▸ Foto oben, Seite 11), auf der Unterseite eine Zickzacknaht. Dadurch ist die Naht elastisch. Anfang und Ende der Zwillingsnaht verriegeln Sie durch einige Vor- und Rückstiche.

Hinweis: Falls möglich, stellen Sie vor dem Nähen die Nähmaschine auf Zwillingsnadel ein, oder wählen Sie einen normalen Geradstich. Achten Sie darauf, dass Sie einen für Zickzackstiche geeigneten Nähfuß eingesetzt haben und dass die Nadel mittig steht.

TIPP

NADELSTÄRKE AN DEN STOFF ANPASSEN
Je dünner der Stoff ist, den Sie verarbeiten, desto kleiner sollte auch die Nadelstärke sein.

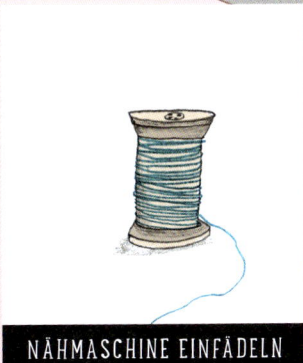

NÄHMASCHINE EINFÄDELN

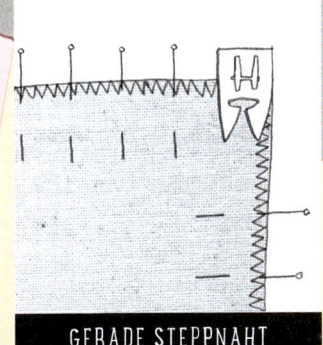

GERADE STEPPNAHT

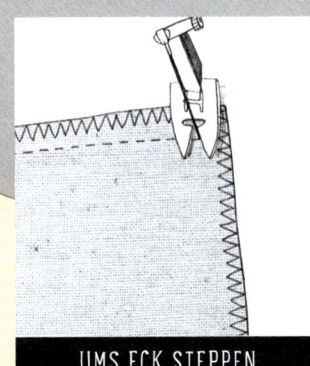
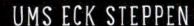

UMS ECK STEPPEN

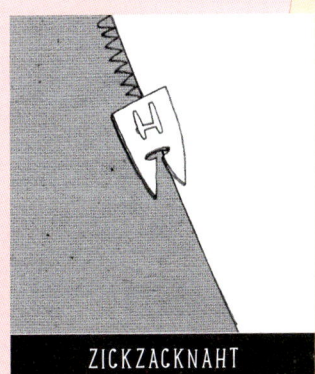

ZICKZACKNAHT

TECHNIK-BASICS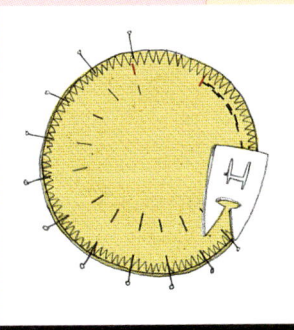

Hier sehen Sie, welche Techniken Sie zum Nähen von Jersey der im Buch gezeigten Projekte benötigen. Über die kostenlose GU Kreativ Plus-App finden Sie die passenden How-to-Videos und unter www.gu.de/diy/59236 zusätzlich bebilderte Anleitungen zu den einzelnen Grundtechniken.

RUNDUNGEN NÄHEN

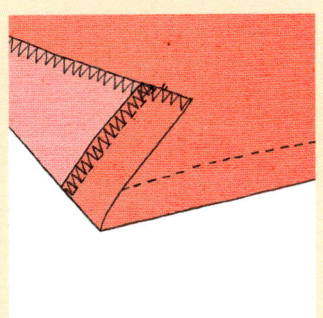

EINFACHER SAUM

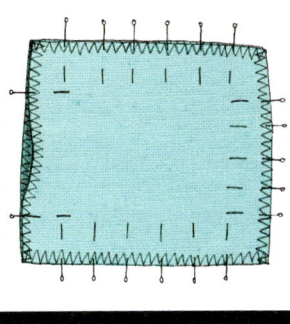

WENDEN UND SCHLIESSEN

Top, Culotte und Beanie ⟶ ab Seite 22

UND NUN RAN AN DEN JERSEY

—

Vergessen Sie alles Negative, was Sie über Jersey gehört haben. Diese Stoffe lassen sich leicht verarbeiten und ergeben wunderbar fallende Kleider oder Röcke, elegante Shirts oder trendige Hosen.

SHORTS

MATERIAL

Sweatware: 60 cm (Gr. 34–40), 100 cm (Gr. 42–46) bei 150 cm Stoffbreite |
Gummiband: Länge ca. 73 cm (Gr. 34–40), ca. 91 cm (Gr. 42–46), Breite 4 cm | zweimal
farblich passendes Garn | Zwillingsnadel 4.0 | Kordel: 170 cm

GRÖSSE
34–46

DOWNLOAD-LINK
Schnittmuster unter www.gu.de/diy/59236

01 Legen Sie die beiden Stoffstücke für das Vorderteil und für das Rückteil der Hose rechts auf rechts aufeinander, und schließen Sie sowohl die beiden Seitennähte als auch die beiden inneren Beinnähte mit 0,6 cm Abstand zur Kante mit einem elastischen Stich (Stichlänge 2,5, ▸ Seite 11). Dann schließen Sie das Gummiband zu einem Ring, indem Sie es an den kurzen Kanten 1 cm übereinanderlegen und mittig verbinden. Dadurch »verliert« jedes Gummibandende eine Nahtzugabe von 0,5 cm.

02 Im nächsten Schritt wenden Sie ein Hosenbein auf rechts und schieben es in das zweite Hosenbein. Stecken Sie die Stoffkanten der Schrittnaht aufeinander, und achten Sie darauf, dass die inneren Beinnähte genau aufeinanderliegen und die Nahtzugaben der inneren Beinnähte zum Rückteil weisen. Dann schließen Sie die Naht im Schritt mit einem elastischen Stich.

PFLEGE VON JERSEY

▸ Die Waschtemperatur richtet sich nach dem Material, bei Mischungen nach der empfindlichsten Faser. Waschen Sie schonend, verwenden Sie ein Wäschenetz, damit sich die Teile nicht verziehen. Stretch-Jersey sollten Sie nur bis 40 °C waschen, sonst werden die Elasthan-Fasern beschädigt und der Stoff leiert aus.
▸ Die meisten Jersey-Stoffe sind trocknergeeignet. Große Kleidungsstücke trocknen Sie am besten liegend, da sie im nassen Zustand sehr schwer werden und sich dann verziehen können.
▸ Erfragen Sie die Waschtemperatur und Trocknereignung beim Kauf des Stoffes.

03 Bevor Sie den Gummi in den Bund einnähen, markieren Sie die Lage der Knopflöcher nach Schnittvorlage mit einem Markierstift. Dann nähen Sie die Knopflöcher nach Gebrauchsanleitung Ihrer Nähmaschine. Alternativ können Sie auch Ösen anbringen.

04 Gummiband an der Hosenoberkante feststecken: Damit das Gummiband gleichmäßig am Hosenbund befestigt werden kann, markieren Sie 4 Stellen, die maximal voneinander entfernt sind. Die Verbindungsnaht am Gummiband bildet die erste Markierung. Genau gegenüber liegt ein weiterer Punkt. In der Mitte dieser beiden Punkte bringen Sie noch einmal je eine Markierung an, sodass insgesamt 4 Markierungen mit maximaler Entfernung zueinander entstehen. Das Gummiband fixieren Sie nun so auf der linken Seite der Hosenoberkante, dass die Verbindungsnaht des Gummibandes an der hinteren Mitte der Hose, die gegenüberliegende Markierung an der vorderen

Mitte und die beiden anderen Markierungen jeweils an einer Seitennaht der Hose liegen. Stoffkante und Gummiband müssen bündig abschließen. Die restliche Mehrweite des Stoffes verteilen Sie gleichmäßig auf das Gummiband und fixieren sie ebenfalls mit Nadeln.

05 Gummiband am Bund annähen: Die Hosenoberkante und das Gummiband verbinden Sie mit einem schmalen Zickzackstich (Stichbreite ca. 3 mm) und großer Stichlänge (4–5) ringsherum entlang der Kante. Während des Nähens dehnen Sie das Gummiband so stark, dass der Hosenstoff glatt liegt und sich keine Fältchen bilden können. Anschließend schlagen Sie das Gummiband einmal nach innen ein, sodass es nicht mehr sichtbar ist, und fixieren das Ganze in den Seitennähten, in der vorderen Mitte und hinteren Mitte wieder mit Stecknadeln. Dann nähen Sie das Gummiband in dieser Lage mit Geradstich und 3 cm Abstand zur oberen Kante ringsherum von rechts fest

(▸ Bild 3). Während des Nähens ist es wichtig, dass Sie das Gummiband wieder maximal dehnen, damit im Stoff keine Falten entstehen.

06 Nun bügeln Sie den Hosensaum 3 cm nach innen um und steppen ihn mit 2,5 cm Abstand zur Kante mit der Zwillingsnadel ab (▸ Seite 12).

07 Zum Schluss bringen Sie noch die Kordel an. Dazu befestigen Sie das Kordelende an einer Sicherheitsnadel und führen diese mit der Kordel durch ein Knopfloch rund um den Bund und beim anderen Knopfloch wieder heraus. Die Kordelenden anschließend mit einem Knoten sichern.

ELASTISCHE UND BI-ELASTISCHE STOFFE

Da Jersey-Stoffe aus Maschen bestehen, sind sie dehnbar, das heißt, der Stoff lässt sich leicht in die Länge oder in die Breite oder in beide Richtungen dehnen. Um das Ausleiern von eng anliegenden Kleidungsstücken wie Shirts oder Hosen zu vermeiden, braucht man Material, das nicht nur dehnbar, sondern auch elastisch ist, das also nach der Dehnung von selbst wieder in seine ursprüngliche Form zurückkehrt. Das erreichen die Stoffhersteller in der Regel durch Zugabe von 2 bis 15 Prozent elastischen Fasern (Elasthan).

Von bi-elastischen Stoffen spricht man, wenn sie sich in jede Richtung gleichermaßen dehnen lassen.

SHIRT

MATERIAL
Sweatware: 80 cm (Gr. 34–46) bei 150 cm Stoffbreite | zweimal farblich passendes Garn |
Zwillingsnadel 4.0

GRÖSSE
34–46

DOWNLOAD-LINK
Schnittmuster unter www.gu.de/diy/59236

01 **Shirtteile zusammennähen:** Das Vorderteil und das Rückteil rechts auf rechts aufeinanderlegen und die Seiten- und Schulternähte mit einem elastischen Stich (▸ Seite 11) schließen. Die Ärmel rechts auf rechts der Länge nach zusammenklappen und ebenfalls mit einem elastischen Stich entlang der langen Kanten verbinden. Dann die Schulter- und Seitennähte ins Rückteil bügeln.

02 Nun fügen Sie die Ärmel ein. Hierzu wenden Sie die Ärmel auf rechts und schieben sie in den auf links gedrehten Rumpf. Legen Sie die große Ärmelöffnung jeweils so am Armloch an, dass die Naht, mit der die Ärmel zusammengenäht sind, auf die Seitennaht des Rumpfes trifft. Die Schultermarkierungen an den Ärmeln legen Sie jeweils auf die Schulternaht des Rumpfes. Die restliche Strecke verteilen Sie gleichmäßig zwischen diesen Punkten und fixieren sie mit Stecknadeln. Dann verbinden Sie Ärmel und Armloch ringsherum mit einem elastischen Stich.

03 **Abschlussarbeiten:** Bügeln Sie die Kanten am Halsloch und an den Ärmeln um 1 cm, den Saum am Rumpf um 2 cm nach innen um. Anschließend steppen Sie den Saum am Halsloch und an den Ärmeln füßchenbreit und den Saum am Rumpf mit einem Abstand von 1,5 cm zur Kante mit der Zwillingsnadel ab (▸ Seite 12).

TIPP

JERSEY BÜGELN
Sofern dies nötig ist, bügeln Sie Ihr Kleidungsstück immer nur in Maschenrichtung, also in Längsrichtung. Das Material bestimmt die Höhe der Temperatur, bei Mischungen die empfindlichste Faser. Am besten testen Sie zuerst an einem Probestück Ihres Stoffes die Einstellung des Bügeleisens.

CULOTTE

MATERIAL

Satin-Jersey: 180 cm (Gr. 34–40), 185 cm (Gr. 42–46) bei 150 cm Stoffbreite | Gummiband: Länge ca. 73 cm (Gr. 34–40), ca. 91 cm (Gr. 42–46), Breite 4 cm | farblich passendes Garn

GRÖSSE
34–46

DOWNLOAD-LINK
Schnittmuster unter www.gu.de/diy/59236

01 Vorder- und Rückteile der Hosenbeine rechts auf rechts aufeinanderlegen und jeweils die Seitennaht und die innere Beinnaht mit elastischem Stich (▸ Seite 11) verbinden. Bei der Seitennaht legen Sie auch die »Ausbuchtungen« für die Taschenbeutel direkt aufeinander und schließen sie im Verlauf mit. Die Nahtenden am Saum gut verriegeln, da der Hosensaum unverarbeitet bleibt. Die Hosenbeine auf rechts wenden, den Taschenbeutel nach innen stülpen und die Eingriffkanten der Taschenbeutel glatt bügeln.

02 Um die Naht im Schritt zu schließen, wenden Sie ein Hosenbein auf links und schieben es über das auf rechts gedrehte andere Hosenbein. Stecken Sie die Stoffkanten der Schrittnaht aufeinander, und achten Sie darauf, dass die inneren Beinnähte genau aufeinanderliegen und die Nahtzugaben der inneren Beinnähte zum Rückteil weisen. Die Kante fixieren Sie im Verlauf mit Stecknadeln und verbinden sie mit einem elastischen Stich. Starten Sie mit dem Zusammennähen im Rückteil. Für die angedeutete Reißverschlussblende am Vorderteil stoppen Sie an der entsprechenden Eckmarkierung, nähen dann einen rechten Winkel zu Beginn der Blendenrundung und nähen dann entlang bis nach oben zur Bundkante (▸ Bild 2).

TIPP

HOSENLÄNGE INDIVIDUELL ANPASSEN
Da die Saumkanten nicht verarbeitet werden, können Sie die Hosenlänge auch nach Ihrem persönlichen Geschmack anpassen. Schneiden Sie die Hosenbeine entsprechend ab, oder verlängern Sie die Schnittteile schon beim Zuschnitt etwas.

03 **Angedeutete Reißverschlussblende:** Sie soll eine fertige Eingrifftiefe von 3 cm haben, daher messen Sie ab der Naht 3 cm und fixieren dort die beiden Lagen mit Stecknadeln bis hoch zur Bundkante. Die Position der Nadeln entspricht auch der späteren vorderen Mitte. Legen Sie dann den Eingriff von der linken Stoffseite betrachtet ins rechte Vorderteil, und bügeln Sie ihn flach, damit die vordere Mitte eine scharfe Kontur erhält. Die Lage der Blende fixieren Sie mit ein paar Zickzackstichen (maximale Stichbreite 3 mm, große Stichlänge von 4–5) entlang der oberen Kante.

04 Um die Blende abzusteppen, legen Sie die Schablone (▸ Bild 3) auf die rechte Stoffseite und übertragen die Umrisse mit Kreide oder einem ausbügelbaren Stift auf den Stoff. Diese Markierung steppen Sie anschließend mit einem Geradstich (Stichlänge 3–4) nach, wobei Sie an der Oberkante des Schnittteils beginnen. Achten Sie beim Nähen darauf, dass der Eingriff unter der

Hose flach liegt und keine Falten wirft. Sind Sie an der vorderen Mittelnaht angekommen, verriegeln Sie die Naht durch Vor- und Zurücknähen.

05 **Gummiband an der Hosenoberkante feststecken:** Schließen Sie das Gummiband zu einem Ring, indem Sie es an den kurzen Kanten 1 cm übereinanderlegen und mittig verbinden. Dadurch »verliert« jedes Bandende eine Nahtzugabe von 0,5 cm. Damit das Gummiband gleichmäßig am Hosenbund befestigt werden kann, markieren Sie 4 Stellen, die maximal voneinander entfernt sind. Die Verbindungsnaht im Gummi bildet die erste Markierung. Genau gegenüber liegt ein weiterer Punkt. In der Mitte dieser beiden Punkte bringen Sie noch einmal je eine Markierung an, sodass insgesamt 4 Markierungen mit maximaler Entfernung zueinander entstehen. Das Gummiband fixieren Sie nun so auf der linken Seite der Hosenoberkante, dass die Verbindungsnaht des Gummibandes an der hinteren Mitte der Hose,

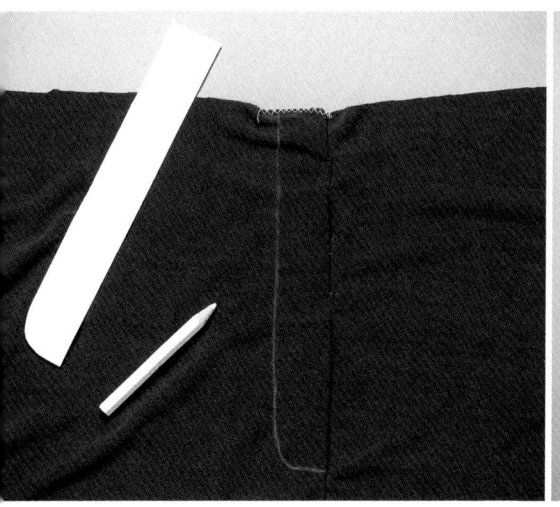

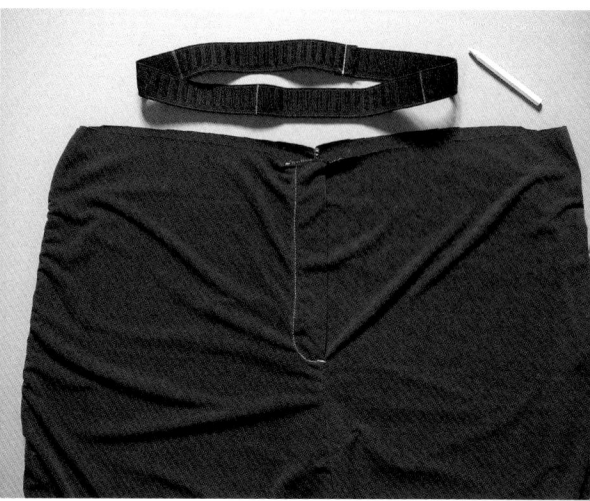

die gegenüberliegende Markierung an der vorderen Mitte und die beiden anderen Markierungen jeweils an einer Seitennaht der Hose liegen. Stoffkante und Gummiband müssen bündig abschließen. Die restliche Mehrweite des Stoffes verteilen Sie gleichmäßig auf das Gummiband und fixieren sie ebenfalls mit Nadeln.

06 Das Gummiband annähen: Nun verbinden Sie die Hosenkante und das Gummiband ringsherum mit einem schmalen Zickzackstich (ca. 3 mm) und großer Stichlänge (4–5) miteinander. Dabei dehnen Sie das Gummiband so stark, dass der Stoff glatt liegt und sich keine Fältchen bilden können.

07 Anschließend schlagen Sie das Gummiband einmal nach innen ein, sodass es vom Stoff eingewickelt wird und nicht mehr zu sehen ist, und fixieren das Ganze in den Seitennähten, der vorderen Mitte und hinteren Mitte wieder mit Stecknadeln. Dann nähen Sie das Gummiband in dieser

Lage mit Geradstich (Stichlänge 3–4) und 3,5 cm Abstand zur oberen Kante ringsherum von rechts fest. Während des Nähens ist es wichtig, dass Sie den Stoff und das Gummiband wieder maximal dehnen.

SCHNITTE FÜR JERSEY-STOFFE
Ein Schnitt für ein Kleidungsstück aus Jersey-Stoff eignet sich meist nicht für gewebte Stoffe ohne Dehnung, da das Kleidungsstück zu körpernah geschnitten ist und ohne Dehnung sehr unbequem wird. Hals- und Armlöcher können schnell zu eng sein. Auch fallen Kleidungsstücke aus Webware oft ganz anders, sodass sie schnell ihren Reiz verlieren können.

CROP TOP

MATERIAL
Baumwoll-Single-Jersey: 50 cm (Gr. 34–40), 55 cm (Gr. 42–46) bei 150 cm Stoffbreite |
zweimal farblich passendes Garn | Zwillingsnadel 4.0

GRÖSSE
34–46

DOWNLOAD-LINK
Schnittmuster unter www.gu.de/diy/59236

01 Legen Sie Vorder- und Rückteil rechts auf rechts aufeinander, und schließen Sie die Seiten- und Schulternähte mit 0,6 cm Abstand zur Kante mit einem elastischen Stich (▸ Seite 11). Das Hals-Bündchen verbinden Sie an der kurzen Kante rechts auf rechts bei 0,6 cm.

02 Hals-Bündchen vorbereiten: Falten Sie den Stoffring links auf links der Länge nach (im Schnitt »Faltkante«), und verbinden Sie die offenen Kanten mit einem schmalen Zickzackstich (ca. 3 mm) und Stichlänge 4–5. Damit das Bündchen gleichmäßig am Top befestigt werden kann, markieren Sie innerhalb der Nahtzugabe 2 Stellen, die maximal voneinander entfernt sind. Die Verbindungsnaht des Bündchens markiert die hintere Mitte, der weitere Punkt mit maximaler Entfernung zur hinteren Mitte bildet die vordere Mitte. An der Halslochkante des Shirts übernehmen Sie die Markierungen für vordere und hintere Mitte vom Schnitt.

03 Hals-Bündchen annähen: Das Vorderteil auf links wenden und das Bündchen mit der Verbindungsnaht rechts auf rechts an die hintere Mitte des Shirts und die Markierung »vordere Mitte« des Bündchens an die vordere Mitte des Shirts legen. Alle »offenen« Kanten müssen bündig liegen. Dehnen Sie das Hals-Bündchen auf die Länge des Halsloches, und fixieren Sie beide Lagen gleichmäßig mit Stecknadeln. Verbinden Sie die Kante mit einem elastischen Stich mit 0,6 cm Abstand zur Kante. Dabei dehnen Sie das Bündchen beim Nähen so stark, dass der Stoff glatt liegt und sich keine Falten bilden können.
Hinweis: Die Naht am Halsloch wird später stark gedehnt, daher ist die elastische Naht hier besonders wichtig! Je mehr Sie beim Einnähen dehnen, desto dehnfähiger ist später auch das Halsloch.

04 Bügeln Sie die Schulter- und Seitennähte Richtung Rückteil, dann die Kanten an den Armlöchern um 1 cm, den Saum um 2 cm nach innen um. Anschließend steppen Sie den Saum an den Armlöchern füßchenbreit und den unteren Saum mit einem Abstand von 1,5 cm zur Kante mit der Zwillingsnadel ringsherum ab (▸ Seite 12).

BEANIE

MATERIAL
Bündchenware: 55 cm bei 80 cm Stoffbreite (oft im Rundstrick-Schlauch) | farblich passendes Nähgarn

GRÖSSE
Einheitsgröße

DOWNLOAD-LINK
Schnittmuster unter www.gu.de/diy/59236

Für den Beanie haben Sie 4 gleiche »M-förmige« Stoffzuschnitte vor sich liegen (für die zweifarbige Variante jeweils zwei aus dem gleichen Stoff).

01 Legen Sie je zwei gleiche Teile rechts auf rechts aufeinander, und verbinden Sie die langen Außenkanten bis zur Spitze mit einem elastischen Stich. Bei einer Naht lassen Sie mittig ca. 5 cm für die spätere Wendeöffnung offen. Nun greifen Sie an je einem »M« des Doppelpacks den Stoff im Bereich der mittigen, tiefen Spitzen und ziehen beide Lagen auseinander, sodass sich die langen Nähte mittig treffen (dabei jeweils eine Nahtzugabe in eine andere Richtung legen, damit diese besonders an der Spitze später schön flach liegen) und sich eine runde Kante bildet. Diesen Bogen schließen Sie mit einem elastischen Stich. Die Naht sollte am Anfang und Ende in einer schönen Kurve auslaufen. Diesen Schritt wiederholen Sie beim anderen »Doppel-M«. Danach arbeiten Sie die Rundung der Mütze mit dem Bügeleisen nach.

02 Wenden Sie nun eine Beanie-Hälfte auf rechts und schieben sie in die andere auf links gedrehte Hälfte. Die Verbindungsnähte beider Teile liegen genau übereinander. Nun verbinden Sie die offenen Kanten beider Lagen ringsherum mit einem elastischen Stich. Hier wird später große Dehnbarkeit benötigt, daher ist der elastische Stich besonders wichtig!

03 Die geschlossene Mütze durch die Wendeöffnung wenden und die Unterkante glatt bügeln. Die Öffnung steppen Sie entweder mit der Maschine knapp von rechts ab, oder Sie schließen sie unsichtbar mit einem sogenannten Leiter- oder Matratzenstich (▸ Video) von Hand.

> **TIPP**
>
> **VARIANTEN**
> ▸ Der Beanie kann auch aus zwei verschiedenen Stoffen/Farben genäht werden und wird so zum praktischen Wendebeanie.
> ▸ Wird der untere Rand nicht wie auf dem Foto nach oben gefaltet, wird der Beanie zum Long-Beanie!

KURZES
KLEID

MATERIAL
Baumwoll-Single-Jersey: 150 cm (Gr. 34–40), 170 cm (Gr. 42–46) bei 150 cm Stoffbreite |
Gummiband: Länge ca. 100 cm (Gr. 34–40), ca. 118 cm (Gr. 42–46), Breite 1 cm |
farblich passendes Garn

GRÖSSE
34–46

DOWNLOAD-LINK
Schnittmuster unter www.gu.de/diy/59236

01 **Vorbereitung:** Legen Sie das Vorderteil und das Rückteil des Oberteils rechts auf rechts aufeinander, und verbinden Sie die Nähte an den Schultern und Seiten mit einem elastischen Stich (▸ Seite 11). Anschließend bügeln Sie die Seiten- und Schulternähte nach hinten zum Rückteil. Klappen Sie das Halsloch-Bündchen rechts auf rechts aufeinander, und schließen Sie die kurzen Kanten mit einem elastischen Stich.
Legen Sie die Rockteile rechts auf rechts aufeinander, und verbinden Sie die Teile an den kurzen Kanten mit einem elastischen Stich.

02 Schließen Sie das Gummiband zum Ring, indem Sie es an den Enden 1 cm übereinanderlegen und mittig verbinden. Dadurch »verliert« jedes Bandende eine Nahtzugabe von 0,5 cm. Dann markieren Sie auf dem Gummiband ebenfalls 4 Punkte (▸ Seite 24, Step 05). Eine Markierung

bildet dabei bereits die Verbindungsnaht. Außerdem markieren Sie an der Oberkante des Rockteils jeweils die vordere und hintere Mitte zwischen den beiden Seitennähten. Zusammen mit den Seitennähten ergeben sich so ebenfalls 4 Markierungen.

03 Nun stecken Sie das Gummiband auf das Rockteil, indem Sie die 4 Markierungen auf dem Gummiband von links auf die 4 Markierungen der Rock-Oberkante legen. Die restliche Mehrweite des Stoffes vom Rockteil verteilen Sie gleichmäßig und fixieren sie ebenfalls mit Stecknadeln am Gummiband.
Dann verbinden Sie das Gummiband und den Stoff mit einem schmalen Zickzackstich (ca. 3 mm) und Stichlänge 4–5 ringsherum (▸ Bild 2). Dehnen Sie das Gummiband dabei so stark, dass im Stoff keine Fältchen entstehen.

04 Nun verbinden Sie das Oberteil mit dem Rock. Dazu markieren Sie die vordere und hintere Mitte an der Unterkante des Oberteils.
Wenden Sie das Rockteil auf links (▶ Bild 1) und stülpen Sie es über das auf rechts gewendete Oberteil, sodass der Saum des Oberteils und die Oberkante des Rockteils eine gemeinsame Kante bilden (▶ Bild 2). Die Seitennähte sowie jeweils die Markierungen der vorderen und hinteren Mitte stecken Sie genau aufeinander. Die restlichen Strecken teilen Sie gleichmäßig auf und fixieren alles ebenfalls mit Stecknadeln.

05 Beide Lagen verbinden Sie mit einem elastischen Stich (normale Sticheinstellung: Stichbreite 6 mm, Stichlänge ca. 2,5). Dabei dehnen Sie den Stoff wieder so stark, dass keine Falten entstehen.

06 Falten Sie das Halsloch-Bündchen der Länge nach links auf links (im Schnitt »Faltkante«), und verbinden Sie dann die offenen Kanten mit einem schmalen Zickzackstich (ca. 3 mm) und großer Stichlänge (4–5).

07 Markierungen anbringen: Um das Halsloch-Bündchen gleichmäßig am Ausschnitt des Kleides befestigen zu können, markieren Sie 2 Punkte mit maximaler Entfernung zueinander: Die Verbindungsnaht bildet die erste Markierung. Ein weiterer Punkt liegt mit maximaler Entfernung dazu im Bereich der Zickzacknaht.
Am Ausschnitt des Kleides übernehmen Sie die vordere und hintere Mitte aus der Schnittvorlage.

08 Halsbündchen einnähen: Dazu legen Sie das Halsloch-Bündchen mit den Markierungen rechts auf rechts an die Markierungen des Halsausschnitts: Die Verbindungsnaht des Bündchens kommt an die hintere Mitte des Ausschnitts, die vordere Mitte von Bündchen und Halsausschnitt liegen aufeinander. Alle »offenen« Kanten müssen bündig abschließen. Dehnen Sie das Bündchen

auf die Weite des Halsausschnitts und fixieren Sie beide Lagen gleichmäßig mit Stecknadeln. Dann steppen Sie mit einem elastischen Stich mit 0,6 cm Nahtzugabe ringsherum. Dehnen Sie die beiden Lagen beim Nähen so stark, dass der Stoff glatt liegt und sich keine Falten bilden können. **Hinweis:** Das Halsloch und dessen Naht wird später stark gedehnt werden, daher ist die elastische Naht hier besonders wichtig!

09 Die Kanten an den Armlöchern bügeln Sie um 1 cm, den Rocksaum um 2 cm nach innen. Dann steppen Sie die umgeschlagene Kante an den Armlöchern füßchenbreit, den Rocksaum mit 1,5 cm Abstand zur Kante mit der Zwillingsnadel ab (► Seite 12).

10 **Abschluss:** Bügeln Sie die Nahtzugabe der Teilungsnaht von Rock und Oberteil nach oben ins Oberteil. Alle Zwillingsnähte sowie das Halsbündchen bügeln Sie glatt.

STOFF-TIPP
Der Hingucker bei diesem Look sind die gegeneinandergestellten Streifen, die aufgrund horizontaler und vertikaler Fadenläufe entstehen. Daher empfiehlt es sich für dieses Projekt, einen bi-elastischen Streifen- oder Musterstoff zu verwenden, damit der Fadenlauf beliebig variiert werden kann.

SWEATER

MATERIAL
Sweatware: 100 cm (Gr. 34–40), 155 cm (Gr. 42–46) bei 150 cm Stoffbreite | Bündchenware: 30 cm bei 80 cm Stoffbreite | Gummi für Ärmelsaum: Länge 2 x 22 cm (Gr. 34–40), 2 x 23 cm (Gr. 42–46), Breite 3 cm | farblich passendes Garn

GRÖSSE
34–46

DOWNLOAD-LINK
Schnittmuster unter www.gu.de/diy/59236

01 Klappen Sie die Bündchen für die Säume von Hals und Ärmeln rechts auf rechts aufeinander, und verbinden Sie sie an den kurzen Seiten mit einem elastischen Stich. Die Saum-Schnittteile für die Unterkante des Sweaters legen Sie rechts auf rechts aufeinander und verbinden je die beiden kurzen Enden miteinander. Die Gummibänder für die Ärmel-Bündchen schließen Sie so zum Ring, dass die Enden je 1 cm überlappen, und nähen sie mittig in der Überlappungszone aufeinander.

02 Die Bündchen-Ringe der Ärmel klappen Sie nun der Länge nach links auf links auf die halbe Breite zusammen. Dann schieben Sie zwischen die offenen Kanten jeweils das Gummiband. Fixieren Sie die offenen Kanten mit einem schmalen Zickzackstich (Stichbreite ca. 3 mm, Stichlänge 4–5). Während des Nähens dehnen Sie das Gummiband auf die Länge des Bündchenstoffes, sodass Sie ringsherum ohne Fältchen nähen.

TIPP

GUT DEHNBARES GUMMIBAND VERWENDEN
Für stark beanspruchte Bereiche wie Hosenbünde oder Säume ist besonders viel Elastizität nötig. Daher werden an solchen Stellen gern zusätzlich Gummibänder (▸ Seite 7) verwendet. Manche Bänder lassen sich sehr einfach dehnen, andere sind eher fest, und das Dehnen erfordert mehr Kraft. Sollten Sie die Wahl haben, empfehle ich Ihnen die einfachere Variante. Vor allem beim Einnähen des Gummibandes in die Bündchen an den Ärmeln erleichtern Sie sich die Arbeit, wenn Sie leicht dehnbares Gummiband verwenden.

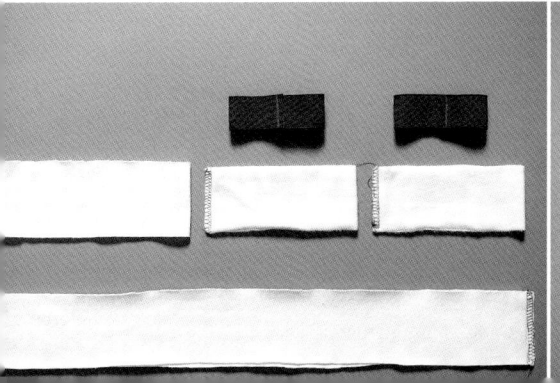

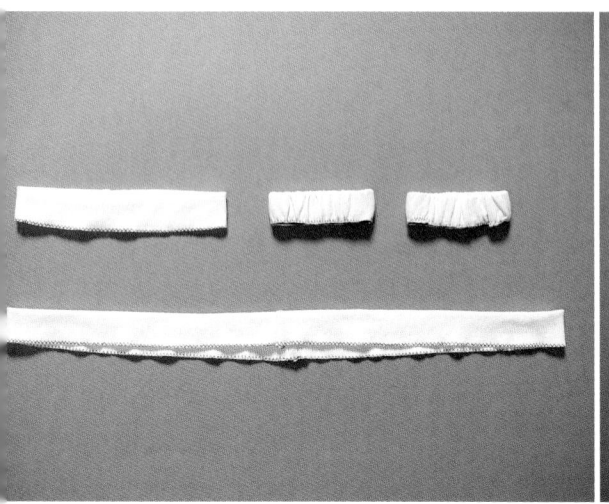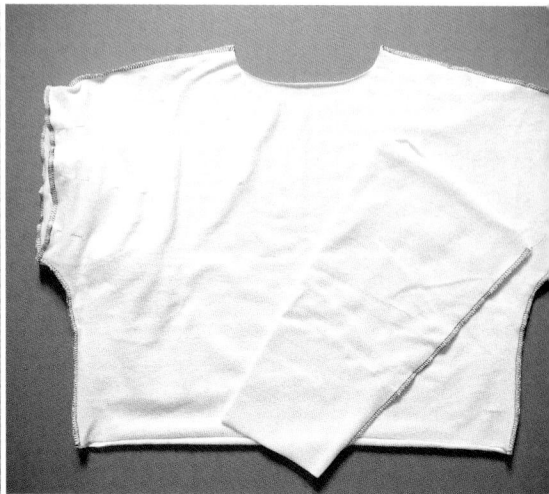

03 Die Bündchen-Ringe von Hals und Saum klappen Sie nun der Länge nach links auf links auf die halbe Breite zusammen. Dann verbinden Sie die offenen Kanten mit einem schmalen Zickzackstich (Stichbreite ca. 3 mm, Stichlänge 4–5).

04 Legen Sie nun das Vorderteil und das Rückteil rechts auf rechts aufeinander, und verbinden Sie die Kanten an den Seiten und an den Schultern mit einem elastischen Stich.
Dann klappen Sie die Ärmelschnittteile rechts auf rechts zusammen und schließen die langen offenen Ärmelnähte mit einem elastischen Stich.
Die Seiten- und Schulternähte bügeln Sie zum Rückteil.
Legen Sie den Rumpf auf links gedreht vor sich. Die Ärmel wenden Sie auf rechts. Dann schieben Sie einen Ärmel auf einer Seite in den Rumpf und legen ihn am Armloch an. Die Schulternaht und die Schultermarkierung am Ärmel sowie die Ärmelnaht und die Seitennaht am Rumpf müssen aufeinander treffen. Fixieren Sie den Ärmel so im Rumpf mit Stecknadeln. Die restliche Strecke zwischen den fixierten Punkten verteilen Sie gleichmäßig und fixieren sie ebenfalls mit Nadeln. Dann verbinden Sie beide Lagen ringsherum mit einem elastischen Stich (► Bild 2, Armloch links im Bild). Achten Sie beim Nähen darauf, dass die Seitennaht und die Schulternaht zum Rückteil liegen. Das Gleiche wiederholen Sie dann für den anderen Ärmel.

05 **Annähen des Hals-Bündchens:** Markieren Sie auf dem Hals-Bündchen an der offenen Kante 2 Punkte mit maximaler Entfernung zueinander, die Verbindungsnaht ist bereits der erste Punkt (► Seite 32). Auf dem Rumpf übernehmen Sie an der Halslochkante die vordere Mitte sowie die hintere Mitte vom Schnittteil. Legen Sie nun das Bündchen mit der Verbindungsnaht an die hintere Mitte des Rumpfes rechts auf rechts an, sodass alle offenen Kanten bündig abschließen. Die

zweite Markierung des Bündchens legen Sie an der vorderen Mitte des Rumpfes an und fixieren beide Stellen. Die restliche Rumpfstrecke teilen Sie gleichmäßig auf und fixieren sie ebenfalls mit Stecknadeln. Dann nähen Sie das Bündchen ringsherum mit einem elastischen Stich ein. Dehnen Sie die Lagen dabei so stark, dass keine Falten entstehen.

06 Annähen des Bundes an der Unterkante: Die
beiden Verbindungsnähte des Saumbündchens bilden bereits die zwei Punkte mit maximaler Entfernung zueinander, diese Markierungen fixieren Sie rechts auf rechts auf je einer Seitennaht des Rumpfes. Die restliche Strecke teilen Sie wieder gleichmäßig auf und verbinden alles mit einem elastischen Stich.

07 Annähen der Ärmel-Bündchen: Hierzu schie-
ben Sie je ein Ärmel-Bündchen in die auf links gewendeten Pulliärmel und stecken jeweils die

Verbindungsnaht des Ärmel-Bündchens und die Ärmelnaht rechts auf rechts mit Nadeln aufeinander. Beide offenen Kanten verbinden Sie nun ringsherum mit einem elastischen Stich. Dabei dehnen Sie das Bündchen auf die Strecke des Ärmels (▸ Tipp Seite 35).

08 Zum Abschluss bügeln Sie die Saumnaht hoch
in den Rumpf, die Ärmelnähte jeweils in den Ärmel und die Halslochnaht zum Rumpf. Das Hals-Bündchen bügeln Sie glatt.

FALTENROCK

MATERIAL
Satin-Jersey: 70 cm (Gr. 34–46) bei 150 cm Stoffbreite | Gummiband: Länge ca. 73 cm (Gr. 34–40), ca. 91 cm (Gr. 42–46), Breite 4 cm | zweimal farblich passendes Garn | Zwillingsnadel 4.0

GRÖSSE
34–46

DOWNLOAD-LINK
Schnittmuster unter www.gu.de/diy/59236

01 Falten im Vorderteil legen: Legen Sie die Faltkanten der inneren Falten an die vordere Mitte an (▸ Bild 1, Finger). Dann legen Sie die zwei äußeren Falten mit ihren Faltkanten je an die Außenkante der 1. Falte an. Sichern Sie die Falten nun zunächst mit Stecknadeln, dann steppen Sie sie mit schmalem Zickzackstich (ca. 3 mm) und Stichlänge 4–5 entlang der Oberkante (▸ Bild 2) fest.

02 Nun legen Sie das Vorderteil und das Rückteil rechts auf rechts aufeinander und schließen beide Seitennähte mit einem elastischen Stich.

03 Bund fertigen: Das Gummiband zu einem Ring schließen (▸ Seite 17, Step 01), das Bund-Schnittteil an der kurzen Kante rechts auf rechts verbinden. Markieren Sie jeweils 4 Punkte mit maximalem Abstand auf Gummiband (▸ Seite 24, Step 05) und Bund-Außenkante (▸ Seite 32, Step 07). Klappen Sie den Bund der Länge nach links auf links zusammen (im Schnitt »Faltkante«). Schieben Sie das Gummiband dazwischen, und fixieren Sie die 4 Markierungen mit Nadeln. Die restliche Mehrweite des Stoffes verteilen Sie gleichmäßig auf den Gummi und fixieren alles mit Nadeln. Dann schließen Sie den Bund, indem Sie die 3 Lagen von Bund und Gummiband mit einem schmalen Zickzackstich (ca. 3 mm) und Stichlänge 4–5 entlang der offenen Kante verbinden. Dabei dehnen Sie das Gummiband so stark, dass der Stoff glatt liegt und sich keine Fältchen bilden.

04 Bund annähen: Dazu die 4 Markierungspunkte des Bundes rechts auf rechts am Rock an der vorderen und hinteren Mitte sowie jeweils an den Seitennähten mit Stecknadeln fixieren. Nähen Sie dann mit einem elastischen Stich und unter Zug entlang der Oberkante. Verwenden Sie dafür Stichlänge 2,5, und halten Sie 0,6 cm Abstand zur Kante ein. Bei den Falten in der vorderen Mitte darauf achten, dass sich diese nicht verschieben.

05 Zum Abschluss bügeln Sie den Saum um 2 cm nach innen um, fixieren ihn mit Nadeln und steppen mit der Zwillingsnadel mit 1,5 cm Abstand zur Kante rundherum (▸ Seite 12).

LANGES
KLEID

MATERIAL

Satin-Jersey: 190 cm (Gr. 34–40), 195 cm (Gr. 42–46) bei 150 cm Stoffbreite | Gummiband: Länge ca. 42 cm (Gr. 34–40), ca. 51 cm (Gr. 42–46), Breite 0,5 cm | zweimal farblich passendes Garn | Zwillingsnadel 4.0

GRÖSSE
34–46

DOWNLOAD-LINK
Schnittmuster unter www.gu.de/diy/59236

01 Legen Sie das Vorderteil mit der linken Seite nach oben vor sich, und übertragen Sie vom Schnitt auf die linke Seite des Vorderteils mit Schneiderkreide oder einem Markierstift die Markierung, wo das Gummiband etwa in Höhe der Taille angebracht wird.

02 Stecken Sie das Gummiband mit Nadeln auf der Markierung quer über das Schnittteil auf. Dann nähen Sie es unter Zug gleichmäßig mit Geradstich 2,5 von links auf.

03 Legen Sie nun das Vorderteil und das Rückteil rechts auf rechts aufeinander, und schließen Sie die Schulternähte mit einem elastischen Stich (► Seite 11).

TIPP

GUMMI-ALTERNATIVE: FRAMILON
Statt des Gummibandes können Sie auch Framilon verwenden. Dies ist ein feines, sehr elastisches, transparentes Band. Es hat den Vorteil, dass es nicht so stark aufträgt und deshalb gut geeignet ist für dünnere Stoffe. Allerdings reißt es leichter als ein Gummiband.

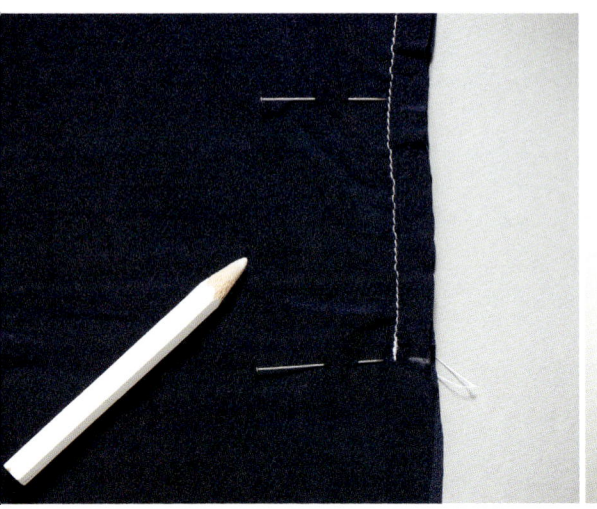

04 Schließen Sie nun auf jeder Seite die Seitennaht vom Armloch bis zur Schlitz-Markierung mit einem Geradstich und mit 1 cm Abstand zur Kante. Am Schlitzende gut verriegeln.

05 Bügeln Sie anschließend die Nahtzugaben der Schulternähte ins Rückteil. Die Nahtzugaben der Seitennähte bügeln Sie in ganzer Länge bis zum Saum auseinander.

06 **Die Ärmel einnähen:** Klappen Sie die Ärmel-Schnittteile rechts auf rechts auf die Hälfte zusammen (▸ Foto 2, Seite 36), und schließen Sie die langen offenen Kanten mit einem elastischen Stich. Dann wenden Sie die Ärmel auf rechts und schieben sie in den auf links gedrehten Rumpf. Die große Ärmelöffnung legen Sie so am Armloch an, dass die Ärmelnaht auf die Seitennaht des Rumpfes und die Schultermarkierung am Ärmel auf die Schulternaht des Rumpfes trifft. Die restliche Strecke verteilen Sie gleichmäßig, fixieren

sie mit Stecknadeln und verbinden sie mit einem elastischen Stich.

07 Nun steppen Sie die in Step 02 auseinandergebügelte Nahtzugabe der Seitennaht entlang des Schlitzes mit einem Geradstich fest (▸ Foto 3). Dazu beginnen Sie am Saum des Vorderteils und nähen füßchenbreit entlang der Schlitzöffnung bis oben zum Schlitzende. Nähen Sie ca. 0,5 cm über das Ende hinaus, dann lassen Sie die Nadel in Tiefstellung, drehen das Nähstück um 90° und nähen im rechten Winkel ca. 1 cm in Richtung Rückteil, dann wieder im rechten Winkel entlang der Rückteil-Seite des Schlitzes bis unten zum Saum. Am Anfang und Ende dieser Naht verriegeln nicht vergessen.

08 Die Kanten an den Ärmeln sowie die Halsloch-Nahtzugabe bügeln Sie um 1 cm nach innen um und steppen sie füßchenbreit mit der Zwillingsnadel ab (▸ Seite 12).

Hinweis: Um die eingeschlagene Kante am Ärmel nähen zu können, müssen Sie die Stichplatten-Vergrößerung Ihrer Nähmaschine abnehmen, sonst können Sie den Ärmel nicht über den Maschinenarm stülpen. Sollte die Platte an Ihrer Nähmaschine nicht abnehmbar sein, müssen Sie den Ärmelsaum bereits umnähen, bevor Sie die Ärmelnaht schließen (▸ Step 03).

09 Zum Abschluss bügeln Sie den Kleidsaum um 2 cm um und steppen ihn mit 1,5 cm Abstand zur Kante mit der Zwillingsnadel ab (▸ Seite 12). An den Enden verriegeln nicht vergessen (▸ Foto 4).

VARIATIONEN
▸ Für ein Kleid mit gerader Silhouette lassen Sie das Gummiband einfach weg.
▸ Wenn Sie den Schnitt für das Kleid auf Höhe des Gummis gerade abtrennen und die Kante 1,5 cm nach links umbügeln und mit einer Zwillingsnadel absteppen, erhalten Sie ein lässiges langärmliges Basic-Shirt.

LANGER ROCK

MATERIAL

Baumwoll-Double-Jersey oder Sweatware: 95 cm (Gr. 34–40), 130 cm (Gr. 42–46) bei 150 cm Stoffbreite | Gummiband: Länge ca. 73 cm (Gr. 34–40), ca. 91 cm (Gr. 42–46), Breite 3 cm | zweimal farblich passendes Garn | Zwillingsnadel 4.0

GRÖSSE
34–46

DOWNLOAD-LINK
Schnittmuster unter www.gu.de/diy/59236

01 Verbinden Sie das gerade Schnittteil für das Rückteil mit den beiden Vorderteilen: Dazu legen Sie die Vorderteile an den langen geraden Kanten rechts auf rechts an je eine Kante des Rückteils an und verbinden diese Kanten mit einem elastischen Stich. Die Seitennähte zum Rückteil bügeln. Die Außenkanten der Vorderteile bügeln Sie 1 cm nach links um, dann steppen Sie die Kante mit der Zwillingsnadel füßchenbreit ab (▸ Seite 12). Den Saum 2 cm nach links umbügeln und ebenfalls mit der Zwillingsnadel mit 1,5 cm Abstand zur Kante absteppen.

02 Schließen Sie das Gummiband zu einem Ring, indem Sie es an den kurzen Kanten 1 cm übereinanderlegen und mittig verbinden. Dadurch »verliert« jedes Bandende eine Nahtzugabe von 0,5 cm. Das Bund-Schnittteil klappen Sie rechts auf rechts zusammen und schließen es an der kurzen Kante mit einem elastischen Stich.

BEIM ZUSCHNEIDEN BEACHTEN

▸ Legen Sie die Schnittteile so auf den Stoff, dass der Fadenlauf im Schnitt parallel zum Maschenlauf des Stoffes liegt.
▸ Bi-elastische Stoffe können im horizontalen und im vertikalen Fadenlauf zugeschnitten werden, da sie in beide Richtungen gleichermaßen dehnbar sind.
▸ Legen Sie alle Schnittteile stets in der gleichen Richtung auf den Stoff. Manche Jersey-Stoffe weisen ein Oben und Unten auf, das heißt, die Farben oder der Glanzeffekt können je nach Lichteinfall leicht differieren, wenn Sie die Teile nicht in gleicher Richtung zugeschnitten haben. Sehr deutlich wird das z. B. bei Samt.

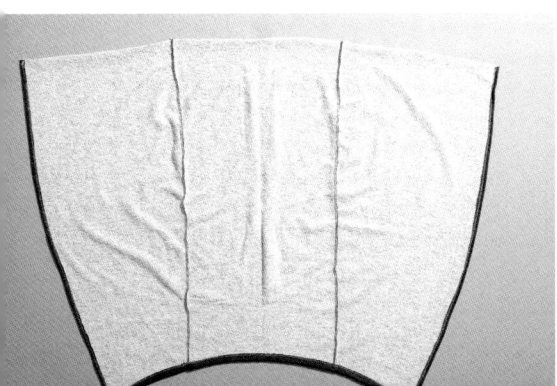

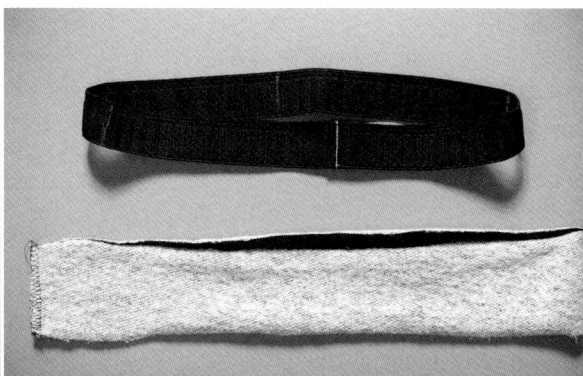

03 **Den Bund fertigen:** Klappen Sie das Bund-Schnittteil der Länge nach links auf links zusammen (im Schnitt »Faltkante«) und bügeln es flach. Dann markieren Sie 4 Punkte mit maximalem Abstand sowohl auf dem Gummiband als auch auf der Bundkante: Die zuvor gefertigten Verbindungsnähte von Gummiband und Bund bilden dabei schon die ersten Markierungspunkte. Davon ausgehend markieren Sie je einen weiteren Punkt mit maximaler Entfernung. Die Mitte dieser beiden Punkte markieren Sie noch einmal, sodass insgesamt 4 Markierungen mit maximaler Entfernung zueinander auf Gummiband und Bund-Außenkante entstehen.

Nun schieben Sie das Gummiband zwischen die offenen Bundkanten und fixieren die drei Lagen so, dass die 4 Markierungen übereinanderliegen. Anschießend verbinden Sie die drei Lagen mit einem langen schmalen Zickzackstich (Stichbreite 3 mm/Stichlänge 4–5) entlang der offenen Kante ringsherum. Dehnen Sie dabei das Gummiband

so stark, dass sich beim Nähen keine Fältchen im Stoff bilden.

04 Nun legen Sie den Rock in seine spätere Form: Dazu legen Sie das Rockteil mit der rechten Seite nach unten flach auf den Boden (▸ Bild 1, Seite 45). Zunächst schlagen Sie die rechte Vorderteil-Außenkante bis zur linken Seitennaht und anschließend die linke Vorderteil-Außenkante darüber zur rechten Seitennaht (▸ Bild 2). In dieser Position stecken Sie die Stofflagen erst mit Nadeln an der Oberkante fest, im Anschluss fixieren Sie die Stofflagen mit einem langen Zickzackstich (Stichbreite 3 mm/Stichlänge 4–5).

05 **Den Bund annähen:** Wenden Sie nun den Rock auf links (▸ Bild 3). Legen Sie die 4 Markierungspunkte vom Bund jeweils rechts auf rechts auf die hintere Mitte, die vordere Mitte und die Seitennähte der Rock-Oberkante, und fixieren Sie diese Punkte mit Nadeln. Stoffkante und Bund sollen

bündig abschließen. Die restliche Mehrweite des Stoffes zwischen den Markierungspunkten verteilen Sie gleichmäßig auf den Bund und fixieren sie ebenfalls mit Nadeln.

Nun verbinden Sie die Rock-Oberkante und den Bund mit einem elastischen Stich ringsherum. Dabei dehnen Sie die beiden Lagen so stark, dass sie glatt liegen und sich keine Fältchen bilden können.

Als Ergebnis bekommen Sie den im Bild 4 gezeigten Schlitz in Ihrem Rock.

 **TIPP**

GUTE FRAGE

Kann man verschiedene Jersey-Arten in einem Kleidungsstück kombinieren? Ja, das können Sie! Allerdings sollten sich die Materialien in Gewicht und Dichte ähneln. Nähen Sie verschieden dehnbare Teile aneinander, kann es passieren, dass sich nach wenigen Waschzyklen die Stoffe an der Naht unterschiedlich wellen und verzerren – als Resultat erhalten Sie dann ein schiefes Kleidungsstück.

Bei der Pflege orientieren Sie sich dann am empfindlichsten Stoff.

T-SHIRT

MATERIAL
Satin-Jersey (Badeanzugstoff): 110 cm (Gr. 34–40), 115 cm (Gr. 42–46) bei 150 cm Stoffbreite | zweimal farblich passendes Garn | Zwillingsnadel 4.0

GRÖSSE
34–46

DOWNLOAD-LINK
Schnittmuster unter www.gu.de/diy/59236

01 Das Shirt nähen

Legen Sie das Vorderteil und das Rückteil rechts auf rechts aufeinander, und schließen Sie die Seitennähte und die Schulternähte mit einem elastischen Stich. Dann klappen Sie die Ärmel der Länge nach rechts auf rechts zusammen und verbinden sie ebenfalls mit einem elastischen Stich entlang der langen Kante/Ärmelnaht (ist im Schnitt benannt). Bügeln Sie die Schulter- und Seitennähte ins Rückteil.

Um die Ärmel einzunähen, wenden Sie sie auf rechts und schieben sie in den auf links gedrehten Rumpf. Legen Sie die große Ärmelöffnung so am Armloch an, dass die Ärmelnaht auf die Seitennaht des Rumpfes und die Schultermarkierung am Ärmel auf die Schulternaht des Rumpfes trifft. Die restliche Strecke verteilen Sie gleichmäßig und fixieren alles mit Stecknadeln. Verbinden Sie dann Ärmel und Armloch ringsherum mit einem elastischen Stich (▸ Seite 11). Die Ärmelkanten bügeln Sie um 1 cm, den Rumpfsaum um 2 cm

nach innen um. Anschließend steppen Sie die umgeschlagenen Ärmelkanten füßchenbreit und den Rumpfsaum mit 1,5 cm Abstand zur Kante mit der Zwillingsnadel ab (▸ Seite 12).

02 Den V-Ausschnitt fertigen:

Hierzu falten Sie den Halsbeleg rechts auf rechts auf die Hälfte und verbinden die kurzen offenen Kanten mit einem elastischen Stich. An der Faltkante zeichnen Sie zum Beispiel mithilfe eines Geodreiecks mit einem Markierstift einen rechten Winkel ein.

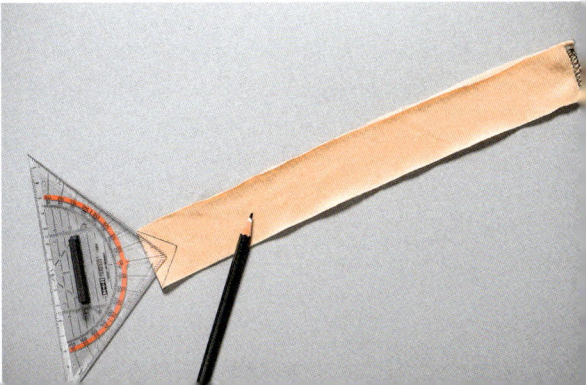

03 Die eingezeichnete Markierung steppen Sie mit einem Geradstich und sehr kleiner Stichlänge (1–2) nach. Die Naht, die wir im Folgenden als V-Naht bezeichnen, verriegeln Sie am Anfang und am Ende.

04 Dann schneiden Sie die Ecke mit 3 mm Abstand zur Naht heraus. Auf die Nahtspitze schneiden Sie knapp in die Nahtzugabe ein, damit der Ausschnitt später gut ausgeformt ist (▸ Bild 1, Seite 54). Achten Sie darauf, dass Sie die Naht dabei nicht verletzen.

05 Klappen Sie nun den Hals-Beleg der Länge nach links auf links zusammen. Dadurch ergibt sich automatisch schon die fertige V-Form. Die Nahtzugabe in der V-Naht klappen Sie auseinander, diese legt sich nun wunderbar flach durch das Einschneiden in Step 04. Die Beleg-Außenkanten fixieren Sie ringsherum mit einem schmalen Zickzackstich (ca. 3 mm) und großer Stichlänge (4–5).

06 Legen Sie den Beleg mit der Außenkante rechts auf rechts an die Spitze des Shirt-Ausschnitts an, allerdings um 0,6 cm (entsprechend der Nahtzugabe) nach links versetzt (▸ Bild), und fixieren Sie ihn mit Nadeln. Den Nahtverlauf mit 0,6 cm Nahtzugabe bis zur V-Naht markieren Sie auf dem Beleg. Nun verbinden Sie Vorderteil und Beleg entlang dieser Markierung mit Geradstich (Stichlänge 1,5–2) ca. 2 bis 3 cm und stoppen auf der V-Naht. Dort verriegeln Sie die kurze Naht. Die Riegelung liegt auf einer senkrechten Linie mit vorderer Mitte und Spitze des Shirt-Ausschnitts.

07 Nun schneiden Sie die Ausschnitt-Spitze des Shirts bis auf den geriegelten Nahtpunkt ein (im Bild ist die Rückseite des Ausschnitts zu sehen). Stoppen Sie ca. 1 bis 1,5 mm vor dem Nahtende. Anschließend legen Sie wie in Step 06 beschrieben die zweite Kante des Belegs auf der linken Seite des Shirt-Ausschnitts an und verbinden sie mit Geradstich. Durch den Einschnitt lässt sich die Kante nun gut anlegen.

08 Markieren Sie die hintere Mitte des Shirts, und fixieren Sie die Verbindungsnaht des Belegs an dieser Stelle rechts auf rechts mit Nadeln. Nun verteilen Sie die restlichen Strecken des Shirts sowie des Belegs gleichmäßig zwischen diesen Markierungen und fixieren sie bei Bedarf mit Nadeln. Dann verbinden Sie beide Lagen mit einem elastischen Stich rechts auf rechts. Beim V-Ausschnitt darauf achten, dass die elastische Naht nicht über die Geradstich-Naht hinausragt! Dehnen Sie den Stoff dabei so stark, dass keine Falten entstehen. Bügeln Sie die Nahtzugabe vom Beleg weg zum Shirt hin und somit den Beleg glatt.

TOP

MATERIAL
Satin-Jersey grau für das Vorderteil: 70 cm (Gr. 34–40), 75 cm (Gr. 42–46) bei 150 cm Stoffbreite; Satin-Jersey schwarz für das Rückteil: 70 cm (Gr. 34–40), 75 cm (Gr. 42–46) bei 150 cm Stoffbreite | farblich passendes Nähgarn

GRÖSSE
34–46

DOWNLOAD-LINK
Schnittmuster unter www.gu.de/diy/59236

Bei diesem Top bestehen Vorderteil und Rückteil aus verschiedenfarbigem Satin-Jersey. Dadurch erhält es ein edleres Aussehen.

01 Als Erstes verstürzen Sie das Vorderteil und das Rückteil mit dem jeweils passenden Beleg: Dazu legen Sie den entsprechenden Beleg rechts auf rechts auf das Vorderteil bzw. auf das Rückteil. Dann verbinden Sie die Kanten entlang der Armlöcher sowie des Halsloches mit einem elastischen Stich (▸ Seite 11). Die Seitennähte und die Schulternähte lassen Sie noch offen.

02 Damit sich der Ausschnitt später besser in Form legen lässt, nähen Sie die in Step 01 gefertigte Verbindungsnaht an der Ausschnittspitze sowohl im Vorderteil als auch im Rückteil zusätzlich auf einer Strecke von 2 bis 3 cm ab Spitze nach rechts und links mit Geradstich (kleine Stichlänge, ca. 2) nach (▸ Foto 2, rote Naht).

TIPP

VOR DEM VERARBEITEN BEACHTEN
Um später keine bösen Überraschungen zu erleben, sollten Sie
▸ den Jersey-Stoff vor dem Verarbeiten mit der höchstmöglichen Temperatur waschen (▸ Tipp, Seite 17). So verhindern Sie, dass das fertige Kleidungsstück nach der ersten Wäsche einläuft. Intensiv gefärbte Stoffe bluten dabei noch aus.
▸ den Jersey-Stoff vor dem Verarbeiten erst einmal eine Nacht ausgebreitet ruhen lassen. Die Stoffe sind oft unter Spannung auf großen Rollen aufgewickelt, durch das Ruhenlassen können sich die Fasern wieder in ihren Ursprung zurückziehen.

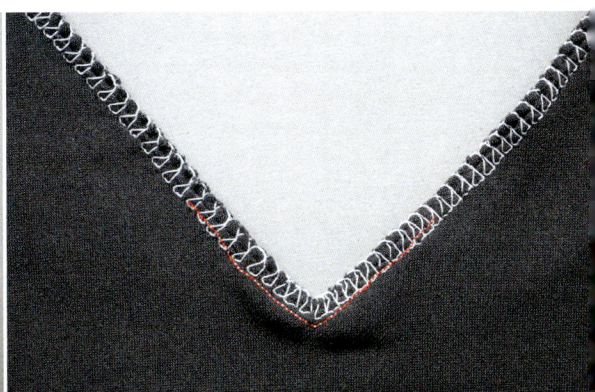

03 Anschließend schneiden Sie sowohl im Vorderteil als auch im Rückteil die Ausschnitt-Spitze mit der kleinen Stoffschere bis knapp vor der Geradstich-Naht ein (▸ Bild 1, rote Naht). Achten Sie dabei darauf, dass Sie nicht zu weit schneiden und die Naht durchtrennen.

04 Dann wenden Sie sowohl das Vorderteil als auch das Rückteil auf rechts und bügeln die Kanten am Ausschnitt sauber glatt. Achten Sie dabei darauf, dass die Belegkante eher nach innen liegt, also später von außen nicht direkt sichtbar ist.

05 Nun müssen Vorderteil und Rückteil miteinander verbunden werden. Dazu legen Sie das Vorderteil und das Rückteil rechts auf rechts aufeinander und verbinden sowohl die Seitennähte als auch die Schulternähte mit einem elastischen Stich. Die Nahtenden sichern Sie gut durch einige Vor- und Rückstiche.

06 Zum Abschluss bügeln Sie die Seiten- und Schulternähte zum Rückteil.

TIPP

ARBEITSERLEICHTERNDER SATIN-JERSEY

Der Saum braucht bei Satin-Jersey nicht verarbeitet zu werden, da das Material sehr saubere Kantenabschlüsse bildet und sich nicht aufrollt. Möchten Sie ein anderes Material verwenden, das gegebenenfalls ausfranst oder sich aufrollt, dann verlängern Sie vor dem Zuschnitt die Saumkanten des Papierschnitts von Vorder- und Rückteil jeweils um 2 cm Nahtzugabe. Als letzten Schritt bügeln Sie diese Nahtzugabe nach innen um und steppen dann mit 1,5 cm Abstand zur Kante mit der Zwillingsnadel (▸ Seite 12) ringsherum.

BUSINESS-
<u>HO</u>SE

MATERIAL
Sweatware: 120 cm (Gr. 34–40), 155 cm (Gr. 42–46) bei 150 cm Stoffbreite |
Gummiband: Länge ca. 73 cm (Gr. 34–40), ca. 91 cm (Gr. 42–46), Breite 4 cm | zweimal
farblich passendes Garn | Zwillingsnadel 4.0

GRÖSSE
34–46

DOWNLOAD-LINK
Schnittmuster unter www.gu.de/diy/59236

01 Legen Sie die Stoffteile für einen vorderen Taschenbeutel und einen hinteren Taschenbeutel rechts auf rechts aufeinander, und verbinden Sie die gerade Unterkante mit einem elastischen Stich (▸ Seite 11). Dann verbinden Sie den vorderen Taschenbeutel an der gerundeten Oberkante rechts auf rechts mit dem entsprechenden seitlichen Hosen-Vorderteil. Somit schließen Sie den Tascheneingriff. Wiederholen Sie diesen Schritt für den Taschenbeutel der anderen Seite.

02 Legen Sie die 3 verbundenen Teile eines Hosenbeins so hin, dass die rechte Stoffseite nach oben schaut. Der hintere Taschenbeutel liegt oben. Den vorderen Taschenbeutel klappen Sie dann ab der geraden Verbindungsnaht nach oben (rechts auf rechts) auf den hinteren Taschenbeutel. Das seitliche Vorderteil klappen Sie anschließend an der runden Naht wieder nach unten und somit links auf links auf den vorderen

Taschenbeutel. Die runde Naht bildet den späteren Tascheneingriff. Bügeln Sie die Naht flach, und arbeiten Sie die Rundung beim Bügeln schön sauber heraus. Achten Sie auch darauf, dass die Nahtkante der Rundung nach innen liegt, sodass sie später von außen kaum noch zu sehen ist. Wiederholen Sie diesen Schritt für die andere Seite. Dann befestigen Sie die beiden Taschenbeutel in dieser Position mit Stecknadeln und fixieren sie nun entlang der Seitenkanten mit einem schmalen Zickzackstich (ca. 3 mm) und Stichlänge 4–5.

03 Legen Sie das mittlere und das seitliche Ho-
sen-Schnittteil rechts auf rechts aufeinander, und
schließen Sie die Mittelnaht hier ausnahmsweise
mit 1 cm Nahtzugabe und Geradstich. Anschließend versäubern Sie die Nahtzugabe zum Beispiel
mit einem Zickzackstich und bügeln sie zur vorderen Mitte hin. Nun steppen Sie die Nahtzugabe
füßchenbreit zur Naht mit Geradstich (Stichlänge
3–4) fest (▸ Bild 1, Endergebnis von außen).

04 Die Hosenbeine für Vorder- und Rückteil
rechts auf rechts aufeinanderlegen und die innere
Beinnaht und die Seitennaht schließen (▸ Bild 2).

05 Dann schließen Sie die Schrittnaht. Dazu wenden Sie eines der Beine auf links, das andere auf
rechts. Das rechte Bein schieben Sie nun komplett
in das linke, bis sie identisch übereinanderliegen
(▸ Bild 3, links). Dann stecken Sie die Schrittnaht-
kanten mit Nadeln exakt aufeinander fest und
verbinden sie mit einem elastischen Stich.

06 Schließen Sie das Gummiband zu einem
Ring, indem Sie es an den kurzen Kanten 1 cm
übereinanderlegen und mittig verbinden. Dadurch
»verliert« jedes Bandende eine Nahtzugabe von
0,5 cm. Damit das Gummiband gleichmäßig am
Hosenbund befestigt werden kann, markieren
Sie 4 Stellen, die maximal voneinander entfernt
sind. Die Verbindungsnaht am Gummiband bildet
die erste Markierung. Genau gegenüber liegt ein
weiterer Punkt. In der Mitte dieser beiden Punkte
bringen Sie noch einmal je eine Markierung an,
sodass insgesamt 4 Markierungen mit maximaler
Entfernung zueinander entstehen.
Diese 4 Punkte fixieren Sie jeweils von links an
der hinteren Mitte, der Seitennaht, der vorderen
Mitte und der anderen Seitennaht der Hosenoberkante mit Stecknadeln, sodass Stoffkante und
Gummiband bündig abschließen. Die restliche
Mehrweite des Stoffes verteilen Sie gleichmäßig
auf dem Gummiband und fixieren sie ebenfalls
mit Nadeln.

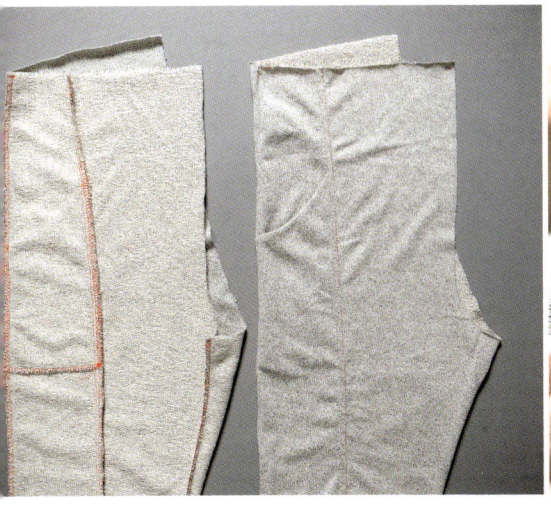

07 Nun verbinden Sie die Hosenbundkante und das Gummiband mit einem schmalen Zickzackstich (ca. 3 mm) und großer Stichlänge (4–5) entlang der Oberkante miteinander. Dabei dehnen Sie das Gummiband so stark, dass der Stoff glatt liegt und sich keine Fältchen bilden können. Anschließend schlagen Sie das Gummiband einmal nach innen um. Achten Sie dabei darauf, dass sich der Stoff an der Bund-Oberkante glatt um das Gummiband legt. Bei Bedarf fixieren Sie alles mit Stecknadeln. Das Gummiband ist 4 cm breit, Sie steppen nun mit 3,5 cm Abstand zur Oberkante ringsherum. Dadurch wird das Band fixiert. Den Vorgang wiederholen Sie, doch dieses Mal nähen Sie genau mittig zwischen der 3,5-cm-Naht und der Oberkante. Zwischen diesen beiden Nähten steppen Sie noch einmal mittig rundherum.

Hinweis: Beim Nähen stets darauf achten, dass Sie das Gummiband immer maximal straff ziehen. Kontrollieren Sie auch immer wieder, ob der Stoff auf Vorder- und Rückseite glatt liegt.

08 Zum Abschluss bügeln Sie den Hosensaum 2 cm nach innen um und steppen ihn mit der Zwillingsnadel mit 1,5 cm Abstand zur Saumkante ab (▸ Seite 12).

VARIATION
Die Businesshose können Sie auch aus einem dünneren oder fließenderen Material nähen, zum Beispiel aus Viskose-Jersey. Dadurch bekommt sie einen ganz anderen Look! Wichtig ist nur, dass Sie einen Stoff mit hoher Blickdichte wählen.

REGISTER

Die **halbfett** gesetzten Seitenzahlen verweisen auf Abbildungen,
UK = Umschlagklappe.

DIE SCHNITTMUSTER
SO EINFACH GEHT'S

Alle Schnittmuster in diesem Buch sind als kostenloser Download verfügbar. Sie können diese in DIN-A4-Format oder als praktische Einzelschnittbögen herunterladen – lästiges Kopieren oder Abpausen der Schnitte aus einem unübersichtlichen Mehrschnittbogen entfällt, und Sie können nach dem Ausschneiden sofort loslegen.

UND SO GEHT'S:

Unter **www.gu.de/diy/59236** das jeweilige Schnittmuster kostenlos herunterladen.

- Als **Pdf im praktischen DIN-A4-Format** zum Ausdrucken auf dem Heimprinter oder im Copyshop: Die Seiten laut Anleitung auf der ersten Seite im Schnittmuster aneinanderkleben, ausschneiden und sofort loslegen.

- Als **Pdf in Originalgröße** zum Plotten auf einem großen Papierbogen: Hier entfällt das Zusammenkleben, allerdings fallen beim Plotservice Gebühren für den Druck an. Adressen von Online-Plotservices finden Sie auf Seite 62.

SERVICE

TIPPS UND TRICKS

IM INTERNET

www.simply-kreativ.de
Tipps zum Nähen mit Jersey

www.farbenmix.de
Tipps rund ums Nähen, um Stoffe und Zubehör

www.hobbyschneiderin.net
Anleitungen, Buchbesprechungen

www.dormando.de/lexikon
Stoff-Lexikon

BÜCHER, DIE WEITERHELFEN

Eberle, Hannelore/Hermeling, Hermann et al.: Fachwissen Bekleidung. Europa Lehrmittel

Korff, Julia: Jersey nähen/Easy Basics. Frech Verlag, Stuttgart

Massieu, Claire/Peter, Monika: Taschen nähen. Lieblingsstücke für jede Gelegenheit. Gräfe und Unzer Verlag, München

Müller, Andrea: Nähen. So einfach geht's. Gräfe und Unzer Verlag, München

ZEITSCHRIFTEN

CUT-Magazine
www.cut-magazine.com

TREFFPUNKTE

INTERNETFOREN

www.pinterest.com

www.hobbyschneiderin24.net
www.smilla-berlin.de/blog/naehtipps
www.naehen-schneidern.de
www.makerist.de

BEZUGSADRESSEN

Dawanda
Online-Portal für Material und Accessoires
www.dawanda.com/material

Eine große Auswahl an hochwertigen Stoffen und Zubehör erhalten Sie bei
www.lts-stoffe.de
www.stoffe.ch
www.stoff-and-co.de
www.fabfab.net

Tolko Stoffe
Baumwollstoffe aller Art
www.tolkostoffe.com

idee. Creativmarkt
Kreatives Zubehör
www.idee-shop.com

SCHNITTMUSTER DRUCKEN

Lassen Sie Schnittmuster »plotten«, da es günstiger ist als die herkömmlichen, großformatigen Druckerzeugnisse. Meistens werden Plotservices für Baupläne oder technische Zeichnungen in Anspruch genommen – nun auch für Schnittmuster!

Plotter-Mietplätze und Plotservice in Hamburg
www.schnittstellehamburg.de

Plotservice in München
www.reproeins.de

Plotservice in Berlin (und online!)
www.dieplotterei.de

Online Plotservice
www.plotboxx.de
www.repro-online.de

Lust auf Selbermachen.

ISBN 978-3-8338-4234-4

ISBN 978-3-8338-5178-0

ISBN 978-3-8338-5922-9

ISBN 978-3-8338-5924-3

ISBN 978-3-8338-4632-8

ISBN 978-3-8338-4415-7

 Alle hier vorgestellten Bücher sind auch als eBook erhältlich.

Willkommen im Leben.

IMPRESSUM

BILDNACHWEIS

Alle Fotos in diesem Buch stammen von **Jochen Arndt,** mit folgenden Ausnahmen:

Marian Wilhelm: Cover, Hintergrundbild U8

Matias Kovacic: Illustrationen S. 5 und 15

Julia Krusch: Illustrationen S. 13, U3–U6

Shutterstock: Hintergrundbilder

Syndication: www.seasons.agency

DANK

Autorin, Fotograf und Verlag danken **MOcompany,** München **www.mo-company-fashion.de**

Lothus Optic www.lothus-optic.de

für die freundliche Unterstützung der Fotoproduktion.

Projektleitung: Elke Sieferer

Lektorat: Angelika Lang

Konzeption und Umsetzung der Foto- und Videoproduktion: Natascha Klebl

Bildredaktion: Matias Kovacic, Petra Ender (Cover)

Kreative Beratung: Justyna Dembowski

Konzeption der Umschlaggestaltung und Layout: independent Medien-Design, Horst Moser, München

Umschlaggestaltung: h3a GmbH, München

Herstellung: Petra Roth

Satz: Longo AG, Bozen

Reproduktion: Longo AG, Bozen

Druck und Bindung: Schreckhase, Spangenberg

Umwelthinweis:

Dieses Buch ist auf PEFC-zertifiziertem Papier aus nachhaltiger Waldwirtschaft gedruckt.

ISBN 978-3-8338-5923-6
1. Auflage 2017

Printed in Germany

Liebe Leserin, lieber Leser,

haben wir Ihre Erwartungen erfüllt? Sind Sie mit diesem Buch zufrieden? Haben Sie weitere Fragen zu diesem Thema? Wir freuen uns auf Ihre Rückmeldung, auf Lob, Kritik und Anregungen, damit wir für Sie immer besser werden können.

GRÄFE UND UNZER Verlag
Leserservice
Postfach 86 03 13
81630 München
E-Mail:
leserservice@graefe-und-unzer.de

Telefon: 00800 / 72 37 33 33*
Telefax: 00800 / 50 12 05 44*
Mo–Do: 9.00 – 17.00 Uhr
Fr: 9.00 – 16.00 Uhr
(* gebührenfrei in D, A, CH)

Ihr GRÄFE UND UNZER Verlag
Der erste Ratgeberverlag – seit 1722.

 www.facebook.com/gu.verlag

Ein Unternehmen der
GANSKE VERLAGSGRUPPE